Gizemli Olaylar

CEMAL YILDIZ

ISBN: 1502576252
ISBN-13: 978-1502576255

İÇİNDEKİLER

GİZEMLİ OLAYLAR

Aile içinde, yakınlarımız, komşu ve arkadaşlarımızdan izahı zor, anlaşılamaz gizemli anlatımları duymuşuzdur. Hatta bazı olaylar veya rüyalar da başımızdan geçmiştir. Bunların ne anlama geldiğine dair anlatılan ikinci veya üçüncü şahısların yaptığı değişik yorumları, bizi bazen sevindirir ya da dehşete düşürür. Panikleriz, hatta korkarız! Bazıları bizi yaşamımız boyunca etkiler. Davranış ve düşüncelerimizde değişiklikler meydana getirir.

Televizyonda uzmanlar genellikle gece yarısında veya sonrasındaki programlarında, din adamları, psikiyatrlar, astroloji uzmanları arasında geçen tartışmalarda gizemli olayları bir sonuca ulaştıramadan sona erdirirler. Seyircilerin kafaları karışır. Sonuç nedir? Bunun yanıtı yoktur. Ama bir gerçek vardır. Bu olaylar vukuu bulmuştur. Yaşanmıştır.

Bu kitapta kaleme aldığım olaylar samimi arkadaşlarımın, yakınlarımın ve benim başımdan geçen gizemli hadiselerin bir manzumesidir.

SESLENEN RUH

Yer: Şarkışla, Sivas

Olayı anlatan: Şarkışla'da görev yapan bir astsubay...

Ana yola cepheli tek katlı sıralı evlerden birinde kiracı olarak oturmaktaydı. Bekârdı. Tek başına o evde ikamet ediyordu. Hemen evinin on metre ilerisinde yine tek katlı, bahçeli, üç veya dört çocuğu olan bir Ermeni aile vardı. Bu Ermeni ailenin on iki veya on üç yaşında güzel bir kızları vardı. Beyaz tenli, çok zarif bir kızdı. Bu Ermeni kız adeta bu astsubayın kız kardeşini anımsatmaktaydı. Bu gurbet ellerde o Ermeni kızını bir kardeşi gibi sevmekteydi. Mesai dönüşlerinde ona çikolata, bisküvi vb. şeyler alarak onu sevindirirdi.

Bu küçük sevimli kız, mesai dönüş saatlerinde, onu karşılar, sevinçle getirdiği ufak tefek hediyeleri alırdı. Bu durum bir kaç yıldır aynı şekilde sürmekteydi.

Bir Pazar sabahıydı. Kahvaltı için askeri gazinoya geldiğimde bu astsubayı ağlar bir halde buldum.

O küçük kızın bir hastalıktan dolayı aniden ölmüş olduğunu öğrendim. Uzun sürelerdir tedavi gördüğü bir hastalıktan kurtulamamıştı. Bu durum onda adeta bir şok etkisi yapmıştı. Astsubay biraz kendine geldikten sonra oldukça ilginç bir şeyler anlatmaya başladı:

Hasta olduğunu bilmiyordum. Öldüğü gece alışık olduğum âdetim üzere başucu kitaplarımdan birinden bir kaç sayfa okuduktan sonra, saat on iki gibi yattım. Tahminimce gece saat üç veya üç buçuk gibi bir ses beni uyandırdı:

"Ağabey ben geldim!" Ses tekrar etti. "Ağabey ben geldim!"

Kapalı tuttuğum odamın kapısı aralanmıştı.

Şaşırmıştım. Eve nasıl girmişti? Hemen kalkıp, gaz lambasını[1] yaktım. Etrafıma baktım. Kimse yok! İçime bir ürperti geldi. Lambayı açık bıraktım. Herhalde rüya görmüştüm. Yatağıma uzandım. Uyumuşum.

Sabah erken saatte kapım hızla çalınmaya başladı. Gaz lambası kısık şekilde hala başucumda yanıyordu. Pijamalarımla kapıyı açtım. Kızın babası karşımdaydı. Ağlıyordu. Kızımı dün gece saat üç sıralarında kaybettik! Seni çok seviyordu.

Şaşkınlıktan dilim tutulmuştu. Ağlayarak içeri girdim. Ağladım, ağladım. Dün gece gelen ziyaretçi onun ruhuydu.

---

[1] Gaz lambası kullanılıyordu. Çünkü gece on ikiden sonra kasabanın ışıkları söndürülüyordu.

SUDAKİ RESİM

Yer: Bursa, Yenişehir

Olayı anlatan: Bir önceki anlatımdaki astsubay henüz on yaşındayken.

Mahallemizde küçük bir arsada arkadaşlarımla beraber futbol oynuyoruz. Kendimi oyuna öylesine kaptırmıştım ki, ter içindeyim. Bağırış çağırış içinde bir o yana bir bu yana koşturup, duruyoruz. Mahallemizden tanıdığımız dört beş kadın da orada bizi seyrediyordu. Bu kadınlardan biri adımı söyleyerek seslendi:

Oğlum buraya gelir misin? Sana bir şey söyleyeceğiz.

Tam da oyunun en kızışmış zamanında bu

olacak şey miydi? "Gelemem!" diye tersledim. Onlarsa ısrarla beni yanlarına çağırıyorlardı.

Gel bir şey söyleyeceğiz. Gene git oyna!

Dayanamadım. Oyundan ayrılarak, koşarak yanlarına gittim.

Oğlum şurada tas içinde su var. Bak bakalım ne görüyorsun? Gördüğünü bize söyle!

Ter içindeyim, yorgunum. Tasa doğru eğildiğimde başımın üzerine bir örtü gerdiler. Bir kadın dua okudu. Tastaki su dalgalandı ve ben:

"Şu bizim karşı sokakta tanıdığım olan falanca kadın küçük kızının elinden tutup, falancanın bahçe kapısından içeri girdi."

Tamam, oğlum hadi git oyna!

Koşarak oradan uzaklaştım. Oyunuma geri dönmüştüm. Kadınlar da bulundukları yerden ayrılmışlardı. Bir süre sonra aklım başıma geldi. Ben ne görmüştüm?!

Daha sonra öğrendiğime göre, o evden iki altın bilezik çalınmıştı. Kadınlar bunu bulmak için eski bir yönteme başvurmuşlar. Ergen olmayan, sabi bir çocuğa suyu göstermek... Okunan dua ile tas içindeki, sudaki olayı görebilirmiş.

Bunu ben de gözlerimle gördüm. Tastaki su, televizyon ekranı gibi renkli bir resim olarak görünmüştü. Resim hareketliydi. Hatırladıkça hala titrerim.

SUDAKİ GÖRÜNTÜ

Yer: Eskişehir

Anlatan: Komşum

Sekiz, dokuz yaşlarındaydım. Bahçemizde oyun oynarken, evimizin paralelinde kiracı olarak oturan komşumuz olan bir albay ve eşi, öğlen vakti gibi bizi ziyarete geldi. Babam da evdeydi. Babam onları eve buyur etti:

İçeri girmeyelim. Sizden bir ricamız olacak!

Hayrola ne gibi?

Bize sabi bir çocuk lazım... Mahallemizde sizin oğlunuzdan başka da sabi yok. Müsaade ederseniz bize kadar gidelim. Tekrar oğlunuzu getiririz. Kısa bir okumamız olacak!

Hayhay, ben de geleyim. Tekrar gelmenize gerek kalmaz!

Hep beraber yola çıktık. Albayın evinin oturma odasına girdiğimizde hoca olduğu belli, sakallı bir adam bana dönerek,

Gel oğlum şöyle önüme yere otur. Önüne içinde su olan bir kap koyacağım. Orada ne gördüğünü bana söyleyeceksin!

Adamın önünde yere oturdum. Üzerime bir örtü örtüldü. Adam bazı dualar okudu.

Ne görüyorsun?

Hiçbir şey!

Tam o sırada yakındaki mahalle camimizden öğlen namazı için ezan başladı. Evdekiler merakla olanları seyrediyordu. Hoca:

Şimdi onlar namaz kılıyordur. Onun için görünmediler. Biraz bekleyelim!

Takriben on beş dakika geçmişti. Bana önüne oturmamı işaret etti. Su kabını önüme tekrar koydu. Üzerime örtü gerildi. Hoca bazı dualar okudu. İşte tam o sırada kaptaki su içinde siyah renkte küçük üç yaratık belirdi. Hoca:

Göründüler mi?

Üç adet kara renkte, acayip küçük insanlar görüyorum.

Tamam! Benim sözlerimi onlara aynen söyle! Halka olsunlar ve diğer dördüncüyü aralarına alsınlar.

Hocanın sözlerini kap içinde gördüklerime tekrar ettim. Kahverenginde olan küçük bir varlık belirdi. Diğer üç varlık onu ortalarına aldı. Hoca onlara söyle ortadakini dövsünler. Ben hocanın söylediğini sudakilere söylediğimde, başladılar ortadakine vurmaya. Hoca:

Daha kuvvetli vursunlar! Sonra onu sudan atsınlar!

Hocanın sözlerini tekrar ettiğimde gerçekten de çok daha hızlı vurmaya başladılar. Sonunda kahve renkli yaratık kayboldu. Gördüklerimi aktardım ve çok korkmuştum. Babamla eve döndüm ama bu olay hala hafızamda canlılığını korumaktadır.

Cemal Yıldız

ŞİFACI

Yer: Eskişehir

Anlatan: Kuzenim

Kuzenimin eşi bir aya yakın hastanede yatmasına ve tedavi görmesine rağmen, herhangi bir iyileşme görülmemişti. Hastanede yatan başka bir hastanın yakını:

Uzun zamandır burada yatıyorsunuz. Şifa bulamamış görünüyorsunuz. Size bir önerim var.

Filanca adreste bir şifacı hoca var. Bir görünün. Denemekte fayda var.

Kuzenim bu tür kendinden menkul şifacılara inanacak biri değil. Kendisi emekli öğretmen.

Hastaneden ertesi gün eşiyle birlikte verilen adrese gittiler. Fakat o da ne! Gittikleri adreste dışarıda park etmiş bir sürü otomobil ve kapı önünde onlarca çift ayakkabı, çok sayıda insan sıra bekliyordu. Kuzenim rica ediyor:

Bizim işimiz acele, seyahate gideceğiz. Anlayış gösterip, sıranızı bize verebilirseniz memnun oluruz.

Bu konuşmadan sonra oradakiler öncelik tanıyorlar. Şifacının yanına girdiğinde karşılıklı iki sedir görüyor:

Ben ve eşim bir sedire beraberce oturduk. Şifacı hocayı beklemeye başladık. Bir dakika geçmemişti ki yaşlıca sakallı bir bey içeri geldi. Karşımızdaki boş sedire oturdu. Bize dönerek:

Hoş geldiniz!

Şifacı eğilip, sedirin altından su dolu bir tas çıkarttı. Bir dua okudu ve bize bakmadan:

Siz buraya hastaneden direk çıkıp, gelmişsiniz. Geçmiş olsun! Size nazar değmiş. Çok önemli bir hastalığınız yok. Grip ya da soğuk algınlığı gibi bir şey. Bazı duaları bir kâğıda yazacağım. Bunu su dolu bir sürahiye koyup, her gün içeceksiniz. Yalnız bu duayı üç ya da dört gün sonra verebilirim. Nerede oturuyorsunuz? Adresinize gönderirim ya da kendim getiririm.

Bizim hastaneden direk geldiğimizi nasıl anlamıştı? Su dolu tasta bizi mi görmüştü?

Gerçekten dört gün sonra biz evde yokken dış kapımıza nasıl içileceğini belirten bir yazıyla beraber naylon torba içinde hazırlanan karışımı kapıya asılmış olarak bulduk.

Eşim bu dualı suyu bir hafta kullandı. Sağlığına kavuştu.

KANGREN OLAN BACAK

Yer: Nazilli

Anlatan: Emekli Ceza Hâkimi

Hava Lisesinden mezun olan öğrenciler Hava Harp Okuluna gitmeden önce pervaneli uçaklarla belirlenen eğitim süresince uçuş öğretmeni pilot subaylarca uçurulur ve geleceğin pilotlarına uçuşun ilk alıştırma eğitimi ve paraşütle atlama eğitimleri verilir. Uçuşa başlamıştım. Bir kaç sortiden sonra uçuşu çok sevmiştim. Yine böyle bir uçuş sırasında havaalanına doğru dönüşe geçmiştik. Göl üzerinden havaalanına doğru yavaş yavaş alçalmaya başlamıştık. Takriben on dakika sonra piste tekerleklerimizi koyabilecektik. Gölün orta kısmını henüz geçmiştik ki, uçuş öğretmenim:

Flaplar kilitlendi. Uçağın burnunu kaldıramıyorum. Uçağı terk edeceğiz. Atla!

Uçağın kapısından önce ben, sonra öğretmenim atladık. Paraşütlerimiz açılmış ve göl üzerinden kara tarafına süzülerek iniyorduk. Öğretmenim benim biraz aşağımda yere yakındı. Uçağın göle düştüğünü gördüm. Tam bu sırada ani bir rüzgâr beni karşıdaki kayalıklara doğru sürüklemeye başladı. Paraşütümü kontrol edemiyordum. Havada döne döne kayalıklara hızla yaklaşıyordum.

Yere çarptığımda bacaklarımda büyük acı hissettim. Paraşütüm rüzgârın etkisiyle kayaların üzerinde sürüklendi. Paraşüt bir çalıya takılarak yere serildi. Bayılmıştım.

Arama kurtarma helikopterinin içinde ayıldığımı hatırlıyorum. Eskişehir Hava Hastanesine sevk ediliyordum. İlk müdahaleden sonra da Ankara Gülhane Askeri Hastanesine sevk ettiler. Bacağımda çok miktarda kırık vardı. Bacağım simsiyah olmuştu. Kemik kırığı ve damarlarda ezilme vardı. Defalarca röntgen çekildi. Doktorlar gereken tedaviyi uygulamalarına rağmen, bacağım gittikçe çürüyordu. Bir aydır hastanedeydim. Baştabip profesör general, aynı zamanda Hastanenin de baştabibiydi. Yattığım odaya gelerek bana:

Çocuğum ne yazık ki bacağın kangrene dönmüş durumda. Bacağını kesmek durumundayız. Yoksa hayatını kaybedeceksin!

Ağlamaya başladım. Daha on yedi yaşındayım. Pilot olma aşkıyla bu okula girmiştim. Cevaben:

Ben ayağımı kestirmek istemiyorum. Babama haber verin. Gelsin beni çıkartsın. Memleketime dönmek istiyorum. Bacaksız yaşayacağıma öleyim daha iyi.

Babama haber verilmişti. Ben memleketime dönmüştüm. Bizim orada bir köyde kırık çıkık işlerini yapan bir lokman hekim vardı. Onu çağırdı babam. Lokman o gün bizim eve gelerek, filmlerime baktı ve bana dönerek:

Bu bacağını tedavi edeceğim. Yalnız uzun ve meşakkatli olacak. Sabretmen gerekiyor.

Bir ümit ışığı doğmuştu. Ona güveniyordum.

Tedavim başladı. Her sabah köyünden evimize geliyor ve bacağıma kuru üzümü ezerek zeytinyağı ile masaj yapıyor, bu karışımı sargı beziyle sıkıca sarıyordu.

Aradan üç ay geçmişti. Lokman tedaviyi bir gün bile aksatmamıştı. Bacağımdaki siyahlık önce morluğa, daha sonra pembe renge dönmüştü. Damarlar kırmızı olarak görülmekteydi. Bir ay daha tedavimi sürdürdü. Bir sabah geldiğinde bana:

Bugün seni yürüteceğim. Önce ayağa kaldırıp, yere basmanı sağlayacağım. Sonra seni tutarak ilk adımlarını attıracağım.

Heyecanlanmıştım! Yere bastım, başım döndü. Korkarak ilk adımımı attım. Yürüyordum.

Sevinçten ağlayarak lokmana sarıldım. Adeta beni tekrar hayata döndürmüştü.

Bir hafta sonra Ankara'ya hastaneye gittim. Sivil elbise giymiştim. Çünkü Harp Okuluna gitme ihtimalim artık sona ermişti. Baştabip generalin makamına asker selamı vererek girdim. Komutan yüzüme dikkatle baktı ve ben duraksamadan:

Komutanım. Beni tanıdınız mı? Yüzüme dikkatle baktı. Tanımıştı.

Benim ayağımı yapılan konsültasyon neticesinde keseceektiniz. Bakınız ben buraya yürüyerek geldim.

Pantolonumu kalçama doğru sıyırarak bacağımın durumunu gösterdim. Tamamen iyileşmiş bacağımı muayene etti. Sekreterine konsültasyona katılan doktorları derhal odasında toplantıya çağırdı.

Toplantıda doktorlar bacağımı inceleyip, lokmanın adresini aldılar. Anlatımlarımı not aldılar.

Bir yıl sonra askeri bursla hukuk fakültesine yazıldım. Hâkim olarak çeşitli yerlerde görev yaptım ve emekliyim. Yetmiş yaşındayım. Sağlıklıyım.

SITMA NÖBETİ

Yer: Eskişehir

Anlatan: Merhum polis babam Kemal Yıldız
(İki anlatım)

Kırklı yılların başında genç ve bekâr bir polis
olan babam Kemal, Mersin'de görev yaptığı
zamanlarda sıtma hastalığına yakalanmıştı. Tedavi
görmesine rağmen, her sene en az iki defa sıtma
nöbeti geçirirdi. Hastalık şu şekilde başlardı. Önce
müthiş bir üşüme ile kendini gösterirdi. İsterse en
sıcak ay Temmuz veya Ağustos olsun. Titreyerek
eve gelir yatağa yatar. Üstünü kat kat yorgan ve
battaniyeyle örterdi. Üşümesi yaklaşık bir gün
sürerdi. Titreye titreye yatağın içinde yatardı. Tek
bir ilacı vardı. Koyu mavi küçük bir şişenin

içindeki kinin haplarıydı. Üşümesi başladığında bu haplardan devamlı içerdi.

Üşüme geçtikten sonra vücut ateşi yükselir, terleme ve sayıklama evresi başlardı. Bu seferde üzerindeki tüm örtüleri kaldırırdık. En az iki gün böyle devam ederdi. Sonunda sıtma nöbeti geçerdi ama çok halsiz kalırdı. Tedavisi yoktu.

(Atatürk'ümüz de bu hastalıktan muzdaripti. Kinin yüklemesi yüzünden siroz olmuştu. Ölümünün nedeni de fazla miktarda kinin yüklemesi nedeniyle iflas eden karaciğeriydi.)

Yine bir gün gece yarısına az bir zaman kala şehir merkezinde görevdeyken, üşüme ile başlayan sıtma nöbeti aniden zuhur ettiğinde, çok yakınında olan devlet hastanesine koşarak gidiyor. Kapıda beyaz önlüğü ile duran zamanın ünlü operatör doktoru Münir Derman babamı bir yerlerden daha önce tanıyor. Koşarak telaşlı bir şekilde geldiğini gördüğünde:

Hayrola Kemal Bey! Ne var öyle telaşlı telaşlı koşuyorsun?

Sorma! Münir Bey. Çok hastayım. Sıtmam var.

Her halde nöbet başlangıcı...

Telaş etme! Geç odama seni muayene edeyim. Kaç seneden beri muzdaripsin?

Mersin'de kaptım. Her yıl iki defa bu nöbeti geçiriyorum. Yirmi beş senedir çekiyorum bu illeti.

İlaç kullanıyor musun?

Evet kullanıyorum. Kinin!

Kemal Bey sana iğne yapacağım ve bir daha sıtma nöbeti olmayacaksın.

Gerçekten bu iğneden sonra babam hiç sıtma nöbeti geçirmedi. Tamamen iyileşmişti.

BALIK ALERJİSİ

Babam hiç balık yemezdi. Çünkü balık babama çok dokunurdu. Alerjik bir reaksiyon mu yahut zehirlenme belirtisi mi bilinmezdi. Balık kıpır kıpır taze dahi olsa, kusar ve ateşler içinde yatak yorgan yatardı. En az iki gün kendine gelemezdi. Bir lokma dahi ağzına alsa, aynı durum zuhur ederdi.

Bir gece kent merkezinde polis arkadaşıyla vazifeli olarak gezerken tanıdığı bir lokanta işletmecisi babamı gördüğünde kendisini lokantaya davet etmiş. Aralarında şu şekilde bir konuşma geçmiş:

Kemal Bey az önce arkadaşımın yeni tuttuğu balıkları ızgara yaptık buyurun beraber yiyelim.

Teşekkür ederim. Bana balık dokunuyor.

Kemal Bey balık bayat olursa dokunur. Izgara hem hafif olur.

Yanındaki polis arkadaşının da ısrarı ile masaya oturuyor. Sadece çatalın ucuyla bir lokma alıyor. On dakika geçmiyor ki, babamı bir sıcak basıyor! Terleme ve titreme baş gösterdiğinden hemen lokantadan, hızla yakın bir yerde olan devlet hastanesine koşuyor. Dr. Münir Derman her zaman ki gibi kapıdaydı:

Hayrola Kemal Bey bu sefer neyin var?

Bana balık dokunuyor. Israr üzerine bir lokma yedim. Hastalandım. Ateşim yükseldi.

Geç odama seni muayene edeyim. Sana bir iğne yapacağım bir daha hiç balık dokunmayacak. İstediğin zaman da korkmadan ye.

Gerçekten de babam o günden sonra balık yemeğe başladı. Hiç de hasta olmadı.

KAŞINTI

Yer: Eskişehir

Anlatan: Kitabın yazarı...

İlkokula gidiyordum. Dokuz yaşlarındaydım. Vücudumda, ama her yerimde, başımdan ayak topuğuma kadar kaplanmış bir şekilde, gazoz kapağından biraz daha büyük, kırmızı ve sert kabarcıklar peydah oldu. Beraberinde nasıl bir kaşıntı! Annem, anneannem ve bizde misafir bir komşumuz elbirliği ile beni kaşıyorlar ama müthiş anlatılmaz sıkıntılar içindeyim.

Annem babama haber gönderdi. On beş dakika geçti geçmedi. Babam faytonla eve geldi ve beni devlet hastanesine götürdüler. Faytonda annem benim her yerimi kaşıyor ama kaşıntı daha da azıyor.

Hastane önüne geldik. Babam beni kucakladığı gibi hastane kapısından hızla içeri soktuğunda, Dr. Münir Derman koridorda sanki beni bekliyordu. Kendisini ilk orada gördüm.

Çocuğun nesi var Kemal Bey?

Her tarafı fısır fısır kabardı. Kaşınıyor. Yerinde duramıyor.

Doktor beni kucağına aldı. "Gel bakalım sarı oğlan" dediğinde, vücudumda bir değişikliğin olduğunu kaşıntımın oracıkta geçtiğini hissettim. Beni muayene sehpasına oturtup, gömleğimi sıyırarak, karnıma, göğsüme ve sırtıma baktı. O iri iri pembemsi ve vücudumun her tarafını saran kaşıntılı kabarcıklardan eser kalmamıştı. Annem ve babam hem şaşırmış hem de sevinmişlerdi.

Dr. Münir Derman'dan biraz bahsetmek istiyorum. Almanya'da cerrahi üzerine ihtisas yapmış, Fransa'da felsefe eğitimi almış, dindar bir hekimdi. Her ay Merkez Camiinde vaaz verirdi.

O gün çok kalabalık olurdu. Kendisine ait özel muayenehanesi yoktu. Muayenelerinden para almazdı. Devletin kendisine verdiği maaşla geçinirdi. Malı mülkü yoktu. Çok mütevazı bir kişiliği vardı. 1989'da vefat ettiğinde hiç miras bırakmadı. Vasiyeti üzerine Ankara'nın Polatlı ilçesinin Memlük köyünde defnedildi. Trabzon doğumluydu.

1952 yılında dünyada bir ilk olan, bir işçinin kopan ayak bileğini, mikro cerrahinin bilinmediği o yıllarda, ameliyatla yerine dikmiş ve işçiyi sağlığına kavuşturmuştu. Sadece Türk Basınında değil, Avrupa, Amerika ve SSCB basınında yer almıştı. O zamanlar cerrahi alanda dünya çapında ilgi görmüştü. Rusya'dan bir heyet Türkiye'ye gelerek kendisini tebrik etmiş ve yaptığı ameliyatların safhalarını kendisinden öğrenmişlerdi.

Bir gün çok sevdiği ve güvendiği asistanı:

"Hocam! Siz bir ameliyat yaptığınızda normal olarak bir hafta on günde iyileşecek hastanın iki günde yarası kapanıyor ve iyileşiyor. Bunun sırrı nedir? Ayrıca kışın dahi palto giymiyorsunuz. İnce bir gömlekle ve ceketle ayazda geziyorsunuz. Yürürken sol elinizi hep önde tutarak yürüyorsunuz.

Sana bu sırrımı açıklarım ama bana söz ver. Ben ölünceye kadar bunu kimseye söylemeyeceksin! Bu sır ikimizin arasında kalacak.

Size söz veriyorum. Kimseye bahsetmeyeceğim. Bana güvenebilirsiniz!

On iki yaşındaydım. Trabzon'da köy evimizin bahçesindeki tuvalete sabah gitmiştim. Köylerde helâ için bahçede bir çukur kazılır. Çukurun yanlarına geniş tahtalar konur ve etrafına kapısı olan ancak bir kişinin sığabileceği genişlikte kulübe inşa edilir.

İşte oraya hacetimi gidermek için girdim. Pantolonumu tam sıyıracaktım çukurun içinde, pisliğe iyice bulanmış bir eşek arısı çırpınıp duruyor. Elimi pisliğe daldırıp, arıyı ölmekten kurtardım. Dışarı çıktım. İbrikteki suyla hem arıyı yıkadım hem de elimi. İşte tam bu sırada sol elimde mor renkte bir ışık peydah oldu.

O ışığı sadece ben görebiliyorum. Dirseğime kadar bu ışığı hissediyorum. Karanlıkta bu ışığı el feneri gibi tutuyorum. Önümü aydınlatıyor. Hastalarım bu ışıkla şifa buluyor. Yaraları çabuk kapanıyor.

GELEN YABANCI

Yer: Eskişehir

Anlatan: Komşumuz (İki anlatım)

Kurban bayramlarında kurban kesmek Müslümanlığın gereğidir. Kesim zamanı kasap bulmak müşküldü. Ehil olmayana kestirmek doğru olmazdı. Kurban kesmenin bir takım şartları mevcuttu.

Doğrusu bu işte ustalaşmış, tecrübeli kasaplara ihtiyaç vardır.

Komşumuzun hemen bir sokak ilerisinde oturan arkadaşı mezbahada çalışan usta bir kasaptı. Bayramın birinci günü için yirmiye yakın kesim işi almıştı. Kendisine yardım etmesi için de komşumuz Mustafa ile anlaşmıştı.

Komşumuz bu iş için bir sepet içine kasap alet ve edevatlarını koyarak sabaha her şeyin hazır olması için evinin antresini hazırlamıştı. Evi sokak içinde tek katlı bir yapıydı.

Mustafa! Sabah ezanından önce sana uğrar, beraber camiye gideriz. Bayram namazından sonrada müşterilerin sırayla kesimlerini yaparız. Çoğu da camiye yakın oturuyorlar.

Olur! Ben de hazırlığımı yaptım. Bir sepet içine gerekeni koydum. Sabah sen bana uğra!

Bu konuşmalardan sonra gece normal zamanda yatmıştım. Evimizde saat olmadığı için kaçta yattığımı bilmiyorum. Ne de olsa fakir insanlarız. Kazancımızın az olması bir çalar saat almama bile maniydi. Seslenen komşumuzun sesiyle uyandım. Kapıyı da hızlı hızlı çalıyordu.

Mustafa, Mustafa! Hadi kalk! Hazırlan, neredeyse ezan okunacak geç kalmayalım!

Pencereden baktığımda hala hava karanlıktı. Eşim de uyanmıştı. Komşumu göremiyordum.

Kapının önünde daha fazla bekletmemek için hemen gömlek ve pantolonumu giydim:

Komşum abdest alıp, hemen çıkıyorum.

Boş ver abdesti! Camide alırsın.

Komşum bunu söylerken O, öfkeli bir şekilde ayağı ile kapımı tekmeliyordu.

Fazla eğlenme biraz acele et!

Bu durum beni şaşırtmıştı. Kapıyı açıp, komşumu içeri davet etmek için, kapının dayağını çıkarttım ve kilidini açtım. Hala kapıyı tekmeliyor acele etmemi istiyordu. Kapıyı az araladım ki, bebek ayağı kadar küçük ve eğri bir ayak araladığım kapıdan içeri doğru sokulduğunda, irkildim! Bu da kimdi?

Bana şaka mı yapıyordu? "Ayağını çek" diye bağırırken, ayağımla bu küçük eğri durumdaki ayağı dışarı itip, kapıyı hızla kapattım. Kapıyı dayakladım.

Eşim yanımda o da korkmuştu. Pencereye koştum. Perdeyi araladığımda koca kafalı, hiç tanımadığım cüce boylu eğri bacaklı birisini gördüm. Fakat sesi komşumun sesiydi. Dua okumaya başladım.

Defol! Kimsin sen?

Yaratık bana galiz küfürler söylemeye başladı. Kapıya bir kaç defa vurdu. Sesi kesilmişti. Acaba gitmiş miydi? Korkudan titriyorduk! Gürültüye çocuklarım da uyanmıştı. Odanın ışığını söndürmeden oturmaya başladık. Acaba saat kaçtı? Sabah olmuş muydu? Aradan kaç saat geçti bilmiyorum. Kapı çalınmaya başladı:

Mustafa, Mustafa! Uyan seni bekliyorum.

Korkarak pencereden baktım. Hava hafifçe aydınlanmıştı. Komşum pencerenin önünde elinde sepetiyle beni bekliyordu. Yolda beraber giderken gece vakti geçen olayı anlattım. Oldukça şaşırmıştı!

YATIR

Yaşımın ilerlemiş olması nedeniyle gece yarısı tuvalete iki defa gitme ihtiyacı duyuyordum. Bazen gece iki defa kalkıyordum. Yine böyle bir gecede uyur–uyanıklık arasında antreden tuvalete giderken arkamda birisinin olduğunu hissettim.

Hafif bir ürpermeyle arkama baktığımda sadece belden yukarısını gördüğüm beyaz sakallı bir yaşlı adamın "Buraları temiz tut!" Demesiyle tir tir titredim. Korkudan, "olur amca" dedim ve ihtiyar adam kayboldu. Tuvalete gitmeyi bırakıp, hemen yatak odama koştum. Olanları eşime anlattım. O da korktu. Gaz lambasını yakıp, beraberce her tarafa baktık. Evin kapısı kilitli, pencereleri kapalıydı. Eşim:

Evimizde yatır var herhalde! Dikkat edelim.

Evimizde çeşme olmadığından mahalle çeşmesinden kovalarla taşıdığımız suyu bir gaz yağı varilinde depoluyorduk. İhtiyacımız olan suyu bu varile yaptırdığım musluktan alarak kullanıyorduk. Eşim bana bir kaç sefer:

Gece tuvalete kalktığında musluğu tam kapatmıyorsun. Altına koyduğum kova taşıyor. Her tarafı ıslatıyor. İyice kapatmalısın.

O zaman aklım başıma geldi. O muhterem zevatın bana "buraları temiz tut!" demesini herhalde buraları ıslak bırakma demek istediğine yordum. Gece veya gündüz oraları temiz ve kuru tutmaya başladık. Çocuklara da tembih ederek onları da bu konuda uyardık.

Kışa girmeden, fakirlikten dolayı kömür alamıyorduk. Onun yerine yazın kömür tozu, toprak ve saman karışımı tezekler hazırlayıp, tavan arasına depo ediyor ve kışın sobada, yazın da maltızda yakarak ihtiyacımızı gideriyorduk.

Yine bir gece tuvalet için kalktığımda antrede tam önümde bu muhterem aniden belirdi. Bana:

"Tavan arasını temiz tut. Tezekleri oradan kaldır" dedi.

Şaşırmıştım! Hemen hızla odama döndüm ve eşimi uyandırdım. Olanları anlattım. "Yarın koridora alalım onları" dedi. Tam uyuyacağımız zaman tavan arasından gürültüler gelmeye başladı. Bir şeyler bir yere savruluyor, atılıyor. Çocuklar da gürültüye uyandı. Korkarak dışarı çıktık. Evimiz tek katlı olması nedeniyle çatımız olduğu gibi görünüyordu. Kiremitler yerindeydi. Sokak tenviratı evin yanında olması nedeniyle çatı aydınlıktı. O zaman tavan arasına bakmak gerekiyordu. Tavana ise içeriden merdivenle çıkılıyordu. Gaz lambası eşliğinde tavan arasına baktığımda istiflediğimiz tezeklerin bazıları etrafa saçılmış ve kırılmıştı. Kimisi de un ufak olmuştu.

Sabah olmadan tüm ailecek tavan arasındaki tüm tezek ve yakacak tahta parçalarını çocuklarla beraber evin antresine depoladık. Tavan arasını süpürüp, temizledik. Aradan üç yıl geçmesine rağmen bu muhterem bana görünmüyor.

Yazarın notu: Yukarıda bahsi geçen evi bir müteahhit satın aldı ve oraya altı daireli bir apartman inşa etti. Bir dairesini de bir akrabamız satın aldı. O dairenin bulunduğu yatak odası komşumun anlattığı yerdeydi. Yaşlı bayan olan ve tek başına o dairede ikamet eden akrabamız bir kaç defa gece yarısı "şiddetli deprem oldu!" diyerek, korkuyla bize geldi. Yattığı karyolası kuvvetli bir şekilde sarsılmış. Uyanarak koşar adım bize gelmişti.

Daha önceki sahibinin başından geçenleri bildiğimizden korkmaması için olaylardan bahsetmedik.

DUA EDEN KADIN

Yer: Eskişehir

Anlatan: Başımdan geçen bir olay. Kitabın yazarı.

Kentimizde bilinen bir çocuk oyunu vardır. Oyunun adı ise "Al Gördüm". Özellikle okulların kapandığı yaz tatillerinin vazgeçilmez oyunudur. Hava iyice karardıktan sonra sokağımızdaki tüm çocuklar dışarı çıkar, kızlı erkekli oynardık.

Oyun şu şekilde oynanırdı. İki gruba ayrılırdık. En az beş kişi olmalıydı. Yani on çocuğun iştiraki gerekliydi. Ne kadar çok katılım olursa o kadar zevkli ve gece karanlığında oynanması biraz da korku ve heyecan verici olurdu. Hemen hemen her gece oynardık bu oyunu. Bir nevi saklambaca benzerdi.

İki takımdan biri ebe olurdu. Her takımın başında çok iyi koşan biri, takımını sokak içinde, bahçelerde saklar ve kendisi "L" şeklinde yüz metre mesafesi olan kısa bir sokak başında durur. Karşı takımın tüm üyeleri yan yana tek bir sıra halinde yüz metre mesafede durur. Takımının iyice saklandığından emin olan takım başı, "Oldu!" diye bağırır ve çok hızlı bir şekilde saklanacağı yere kadar koşar. O sırada diğer takım üyeleri bunu görmeğe çalışır ve saklandığı yeri aramaya başlarlar.

Eğer saklanan takım üyelerinden biri görülecek olursa "Al Gördüm" der ve bütün takım saklandığı yerden çıkar. Diğer takım bu sefer saklanır. Oyun böylece devam eder.

Ben kısa mesafede çok hızlı koşmam nedeniyle hep takım başı olurdum. Genelde takımımı elli metre ileride dar ve kısa bir sokak içinde metruk bir evin bahçesindeki iğde ağacına görülmeyecek şekilde en üst dalına tırmanarak saklanırdım. Takımıma da önceden bu metruk, kullanılmayan harap evin bir odasına saklanmasını söyledim.

Diğer takım üyeleri bazen bizi saatlerce ararlar bulamazlardı. Biz de o zaman kendiliğimizden ortaya çıkar ve oyunu sonlandırırdık.

Bir gece gene iki takım halinde "al gördüm" oynamak için takımımı bu metruk eve saklanmaları için gönderdim. Ben "oldu" diye saklanacağım iğde ağacına koşarken, benim takımımın üyeleri çığlık çığlığa bağırarak korkmuş bir halde, bana doğru koşarak geliyorlardı.

Ne bağırıyorsunuz? Neden saklanmadınız?

Odada beyaz başörtülü bir kadın namaz kılıyor ve buradan gidin diye bize eliyle işaret etti!

Korkmadan, karanlık, lambası olmayan metruk eve tek başıma gittiğimde; sadece başı ve beyaz namaz örtüsü olan bir kadını dua ederken gördüm. İrkildim! Yüzü hiç tanımadığım birisiydi. Odanın tam ortasında bana baktı ve dumanımsı bir şekilde kayboldu.

Bu olaydan sonra, bir daha hiç "al gördüm" oynamadık.

TRAFİK KAZASI

Yer ve anlatan: İzmir–Ankara arasındaki otobüs yolculuğu sırasında otobüs şoförünün anlatımı.

Her hafta sonu Cuma gecesi otobüsle İzmir'den Ankara'ya yolculuk yapıyor ve Pazar akşamı tekrar İzmir'e dönüyordum. Ankara'da ikamet ediyordum. İzmir'de kurs görüyordum.

En çok çekindiğim şoförlerin gece yolculuğu sırasında uyuklamaları ve bir kazaya sebep olmalarıdır. Onun için hep üç numaralı koltuğu alıyordum. Şoföre yakın olmak ve onu kendi gözetimim altına alıp, hareketlerini kontrol etme alışkınlığına sahiptim. Genelde yolcular yolculuk boyunca uyurlar. Şoförle pek ilgili değillerdir. Ben bu konuda hassas olmam dolayısıyla yolculuk sırasında şoförün uykusunu kaçıracak konuşmalar yapar, onu yola motive ederim.

Gece yarısını çoktan geçmişti. Şoför başından geçen bir olayı anlatmaya başladı:

"Böyle gecenin ilerlemiş saatiydi. Kütahya-Altıntaş kavşağına doğru yol alıyordum. Yolcuların çoğu uyumuştu. Hafif bir rampa var. Bak şimdi tam oraya doğru yaklaşıyoruz. Tabiri caizse burası dağ başı sayılır. Yakınlarda herhangi bir yerleşim yeri ve köy yoktur. Far ışıklarının aydınlığında ileride sağ tarafta bir adam duruyordu. Süratim seksen kilometre civarında ve seyir halindeyken bu adamın yanına yaklaştığımda, bir elin direksiyonun biraz üstünde tam yüzüme doğru parmakları açık şamar şeklinde ön cama vurmasıyla ani fren yaparak durdum. Adama çarptığımı sandım. Yolculardan bazıları uyanmış "ne oldu!"diyorlardı. Yardımcım muavin yanıma geldi. Ön kapıyı açtım. Muavinle aşağı indik. Otobüsle yolun tam ortasında durmuştum. Sağa sola arkaya öne baktık. Kimseyi göremedik. El feneriyle etrafı kolaçan etmemize rağmen gördüğüm adam nasıl oluyor da eliyle Otobüsün ön camına vurabiliyordu? Kolu en az yirmi metre olmalı ki vurabilsin. Eli de insan elinin en az üç katı büyüklükteydi. Şaşılacak şeydi! On, on beş dakika kadar orada araştırma yaptıktan sonra tekrar yola koyulduk.

Altıntaş kavşağını geçip, Afyon istikametinde yol alırken on beş dakika geçmişti ki bir yolcu otobüsüne karşıdan gelen bir kamyon kafadan çarpmış, otobüs şarampole yuvarlanmıştı. Muhtemelen kamyon şoförü direksiyon başında uyumuş ve kontrolünü kaybetmişti. Çok sayıda yaralı vardı.

İşte o el beni olası bu kazadan kurtarmıştı. Orada on, on beş dakika eğlenmemiz, bizi bu felaketten korumuştu."

MUHTARIN RÜYASI

Yer: Eleşkirt, Ağrı

Anlatan: Eleşkirt kaymakamı...

Eleşkirt'e atanalı iki yıl oluyordu. Doksan üç yılının sonbahar başlangıcıydı. Görevimin önemine binaen askerliğimi hep tecil ettirmiştim. Yaşımda gelmişti. Kısa dönem Burdur'a askerliğimi yapmak için gittim.

Askerliğimi bitirip, geriye vazifemin başına döndüğümde, sekreterim:

Yaşlı bir bey sizinle görüşmek istiyor. Kendisi siz askerdeyken gelmişti. Akyumak köyünün eski muhtarıymış.

Buyursun gelsin.

İçeri sakallı yaşlıca bir amca girdi. Tokalaştık. Çay ikramında bulundum.

Ben askerdeyken gelmişsiniz. Sizi dinliyorum.

Özellikle sizi görmeye ve tanışmaya geldim. Bu yıl dinimizin şartlarından hac görevimi yerine getirmek için hacca gittim. Orada ibadet sırasında hafif bir uyuklama anında rüya gibi bir şey ama tam da rüya denemez. Sizin bir siluetiniz karşımda belirdi. Aynen şimdiki halinizle göründü. Bir ses bana: "Bu sizin orada kaymakamınız. O insanlığın halifesi seçildi. Onu gör!" Buna çok şaşırmıştım! Heyecanla ülkeme dönüp, gösterilen suretin siz olup, olmadığınızı görmek ve anlamak için geldim! Siz o'sunuz. Gösterilenin aynısısınız."

Şaşırmıştım! Bu zatı hiç görmemiştim. Tanımıyordum. Benden hiçbir talepte de bulunmamıştı. Bir daha da hiç karşılaşmadık.

Zaten bir ay sonra da batıda bir göreve atanmış ve Eleşkirt' ten ayrılmıştım.

ANNEMİN MEZARI

Yer: Eskişehir

Anlatan: Kitabın yazarı...

2014 yılının 16 Mayıs Cuma günü ezan okunup, bittiği anda annem son nefesini vererek Hakk'ın rahmetine kavuştu. Her anını izledim. Acil servis doktoru ölüm raporunu verdi. Naaşını yan odaya aldık.

Ertesi gün öğle namazını müteakip, Odunpazarı eski kabristana defin işlemleri, kabir yerinin belirlenmesi ve hazırlanması işlemlerini başlattım. Öğleye kalmadan tüm işlemleri bitirmiştim.

Yurdun değişik yerlerinden akrabalarımız ve

yakınlarımız annemin son yolculuğunda bulunmak için gelmişlerdi. Çarşamba'da görev yapan kaymakam kardeşim ve çok sayıda o yörenin mahalle muhtarları eşlik ediyorlardı.

Cenaze namazını mahalle camimizde kılıp, defin için kabristana hareket ettik. Kardeşim ve muhtarlar daha önceden kabristana gidip, defin yerinde beklerken cenaze arabadan indirilmişti ve defin için hazırlık yapılırken kabir içinde gömü işine yardım eden kardeşim:

Bakın baş tarafında toprakta kaynama var. Çok ince, sanki elenmiş gibi toprak dökülüyor.

Herkes pür dikkat kesilmişti. Bu toprağın kaynamasının bir iki dakika devamı sonrasında, yarım su kovası kadar bu elenmiş gibi toprak, naaşın baş tarafının konacağı yere aheste bir şekilde dökülmüştü. Muhtarlardan biri:

Kendisine "baş yastığı" sunuldu.

Öte yandan gömü yapılan yer kayalık ve taşlık bir yerdi. Kazıcılarla konuştuğumda:

Tahminimiz gibi olmadı. Kazım işi çok kolay oldu. İlk defa burada böyle bir şeyle karşılaşıyoruz!

ÖLMÜŞ DAYIMIN GÖRÜNMESİ

Yer: Eskişehir

Anlatan: Annem ve teyzem...

Ramazan bayramı arifesiydi. Bayram için çocuklara ve yakınlarımıza hediyelik çorap, mendil ve evin ihtiyacı olan çikolata, şeker gibi ikramlıklar almak için kardeşimle yürüyerek çarşıya çıktık.

Bayram arifesi olması nedeniyle çarşı çok kalabalıktı. Sıcaksular yolunun her iki tarafında işporta tezgâhları kurulmuş ve insan seli bir aşağı bir yukarı gidip, geliyordu. Böyle zamanlar yankesiciler için biçilmiş kaftandı. Alışveriş yaparken bir yandan da cüzdanımıza ve çantamıza sahip olmaya çalışıyorduk.

Hengâme içinde alışverişimizi bir an önce tamamlayıp, bu kalabalıktan çıkmak arzusundaydık.

Kalabalıkta aheste aheste ilerlerken ve çevremizle meşgulken bir şey dikkatimi çekti. Karşı tezgâhın köşesinde şık giyimli uzun boylu bir erkek hafif tebessüm ederek bizi izliyordu. Kardeşime:

Şuraya bakar mısın? Bu Kerim'e benziyor!

Aaa! Gerçekten bu Kerim...

Dona kalmıştık! Beş yıl önce kalp krizi neticesinde altmış iki yaşında vefat eden kardeşim Kerim'di. O kalabalıkta uzun boyu her zaman üzerine giydiği elbisesi ve tebessümüyle sadece bize bakıyor. Bizi izliyor ve yüzünden hiç eksik etmediği tebessümü ile bu kişi tamamen o kişiydi. Kendisine doğru gayri ihtiyari yürüdüm.

Kerim! Kerim! Diye seslendim. Aramızda en çok on beş metre mesafe vardı. Kalabalıkta sadece vücudunun göğüsten yukarısını görüyordum. Yavaş yavaş bizden uzaklaşmaya başladı.

Tebessüm ederek adeta "Allahaısmarladık" diyerek birden gözden kayboldu.

Çok müteessir olmuştuk. Tek erkek kardeşimiz bu mübarek günde Rahman'ın izniyle bize görünmüştü. Biz iki yaşlı kız kardeşi böylece hem şaşırtmış hem de sevindirmişti.

SUİKAST TEŞEBBÜSÜ

Yer: Bir askeri birlik

Anlatan: Astsubay arkadaşım

Birliğimiz kentin oldukça dışındaydı. Akşam konvoy halinde servis otobüsleriyle subay ve astsubaylar evlerine giderler. Talimatlar ve birlik komutanı inisiyatifinde belirlenmiş, belli kuralları olan hareket şekliydi.

Terör saldırılarının en hareketli zamanlarıydı. Personel daha dikkatli hareket etmek durumundaydı. Öyle de yapılıyordu.

Konvoyun önünde her zaman birlik komutanının aracı olurdu. Kent içinde konvoyun birbirinden ayrılma noktası olur ve bu nokta da her araç kent içindeki semtlerine dağılırdı.

Araçlar birlikten hareket etmeden nöbetçi subayı veya astsubayı tüm araçları ve araç muhafızlarını bizzat denetler. Silahlarını olumsuz bir duruma karşı ateşe hazır tutmaları gerektikleri talimatını ve ikazını verirdi.

Nöbetçi olduğum bir gün birliğimizin komutanı, her zamankinden yaklaşık bir saat önceydi, beni makamına çağırdı:

Bugün kentte acil işim var. Erken ayrılacağım. Personel her zamanki gibi hareket etsin.

"Başüstüne komutanım." Yanıtını verdim. Komutanın makam aracı karargâh önünde hazır beklerken, Ben komutan şoförünün olumsuz bir durumda ne yapması gerektiğini söyledim ve tabancasını kontrol ettim ve ateşe hazır tutmasını tembihledim. O sırada komutan aracına binmişti. Aracın motoru çalışır durumdaydı. Sıcak bir gündü. Tam hareket edeceği sırada, içimden garip bir hisle komutanı uyarma gereği duydum. Komutanın çelik yeleğini giymediğini ve tabancasının belinde takılı olduğunu görünce:

Komutanım yeleğinizi giymemişsiniz ve tabancanız kurulu bir durumda koltuğunuzun hemen yanında ateşe hazır kurulu tutmalısınız.

Tamam tamam! Beni oyalama! İyi nöbetler Allahaısmarladık!

Hızla hareket etmiş ve askeri birlikten ayrılmıştı.

Ertesi gün sabah mesaiye geldiğinde beni odasına çağırdı:

Dün sen o hatırlatmayı yapınca biraz sana içimden kızmıştım. "Şu sıcak havada on üç kiloluk çelik yelek giyilir mi?" Fakat yol boyunca içime bir kuşku düştü. Bu çocuk görevinin gereğini yapıyor deyip, çelik yeleğimi üzerime giydim. Tabancamı kurup elimin altında yanımda tutmaya başladım.

Kırsal alandan çıkıp, konutlar bölgesine yaklaşırken yolun sağ tarafında elinde uzun namlulu bir şahsı gördüm. Aracım hızla ona yaklaşıyordu. Şoförü ikaz ettim.

Sağ tarafta elinde uzun namlulu bir şahıs beklemekte, silahını hazır tut. Hızını artır.

Durma!

Komutanım sol tarafta da silahlı biri var!

Ateş et! Hızını kesme!

Komutan şoföre bu talimatı verir vermez silahlı şahıslara aniden ateş ediyor. Bu arada da asker şoför de ateş etmeye başlıyor. Teröristler şok içinde yandaki vadi içine doğru kaçarlarken, Komutan araç içi telsizle durumu güvenlik kuvvetlerine bildiriyor. Kısa zamanda teröristler ellerindeki kalaşnikof tüfeklerle yakalandı ve adalete teslim edildiler. Çapraz ateşe tutulup, komutana yapacakları suikast önlenmişti.

İçimden gelen önseziyle komutana güvenlik kurallarını hatırlatmam ve komutanın bu hatırlatmamı yolculuğu esnasında "bir işaret mi?" düşüncesi ile dikkate alıp, uygulaması hem kendisini hem de şoförünün hayatının saniyeler içinde kurtulmasına vesile olmuştur.

KAHVE FALI

Yer: Eskişehir

Anlatan: Kuzenim

Duru görü sahibi insanların baktıkları ve yorumladıkları kahve fallarının gerçekleştiği bilinen vakıalardandır. Kuzenimin avukat olan bir kadın arkadaşı vardır. Birbirlerinin evlerine sıkça gelip, giderler. Sohbet etmek bir ihtiyaçtır. Bu sohbetlerde ikram edilecek şeyler aşağı yukarı bellidir. Çay içilir veya kahve içilerek sohbetin daha samimi geçmesi sağlanır.

Böyle bir sohbet anında sunulan kahve içildiğinde, kahve falına bakmasını ve yorumlamasını bilen kişiler varsa, fincan kapatılarak fal baktırıp, sohbet koyulaştırılır. Bu bir nevi eğlence de sayılır.

Fal bakan bazıları vardır ki, sanki sizin içinizi okur! Endişelenir, irkilirsiniz! Onun bilemeyeceği sırlarınızı açıklar, hatta bazen korkarsınız.

Böyle bir sohbet sırasında kahveler içilmiş ve fincanlar kapatılmış ve bu avukat hanım kuzenimin fincanına bakarak:

"Sizin çok yakınınız olan birinin sanki içi boşaltılmış, sağlığı çok bozuk! Vücudunun içinde önemli bir sorunu var. Mutlaka doktora gitmeli! Bu şahıs bir erkek... Damarında büyük problem görünüyor. Vücudu damar damar olmuş. Çok acil doktora ihtiyacı var! Bu evde yaşayan bir erkek..."

O evde yaşayan erkek ise kuzenimin eşi. Başka da birisi yok. Ama avukat hanım bunu bilmiyor ve kuzenimin eşi ile de hiç tanışmamışlar. Avukat hanım:

Fincanda bu şahsın resmi çıkmış, eşinizin bir fotoğrafını getirebilir misiniz?

Fotoğrafı bu!

İşte bu beyefendi... Mutlaka acilen bir doktora görünsün. Hayati problemi mevcut...

Evet, safra kesesinde taşlar var. Belki görünen problem budur.

Hayır, hayır damarla ilgili. Çok acil gitmeli.

Ertesi gün kuzenimin kocası bu uyarıya önem vermiyor. Eşinin ısrarı üzerine Bir kardiyologdan randevu alıp, gidiyorlar.

Doktor uzun muayene ve testlerden sonra ana damar olan ve karın bölgesinin sırta yakın yerinden geçen ana damar aortta büyük bir genişleme olduğunu (aort anevrizması) her an patlayabileceğini ve derhal, gecikmeden ameliyat gerektiğini söylediğinde; avukat hanımın ısrarının ve doğruluğunun ne kadar ciddi olduğunu da öğrenmiş oluyorlar.

Kuzenimin eşi bu teşhis üzerine hastaneye yattı ve ameliyatı başarılı geçti. Sağlığına kavuşmuş olarak taburcu oldu.

UÇAK YOLCULUĞU

Yer: Ankara

Anlatan: Kitabın yazarı

Rüyalar vardır. Gizemlidir. İzahı zordur. Aşağıda kaleme aldığım rüyam ve devamı şaşırtıcı olmuştur.

Pazartesi sabaha karşı bir rüya gördüm. Kahvaltı sırasında gördüğüm rüyayı eşime de anlattım.

Sıradan bir rüya görünümündeydi. Eşim "hayırlara gelsin" temennisinde bulundu.

Rüyamda askeri yolcu uçağına biniyorum. Fakat bütün koltuklar dolu. Koltuklar arasında

79

boş bir yer bulmak için ilerliyorum. Aynı birlikte ve aynı bölümde görev yaptığım Ali İhsan yüzbaşıyı cam kenarında oturuyor görüyorum ve yanındaki bir koltuk boş. Bana dönerek:

Cemal yanıma gel otur. Burası boş.

Tek boş yerde sadece orasıydı. Yanına oturuyorum. İkimizin de yolculuğu o gündü. İzmir'de yapılacak bir toplantıya katılmak için uçakla gidiyoruz.

Uyandım. Sabah olmuştu. Mesaiye gitmek için evden ayrıldım. Her zamanki otobüs durağından askeri otobüse bindiğimde; Ali İhsan yüzbaşı mutat yerinde oturmuş ve bana bakarak gülümsüyordu. Ben yerime oturduğumda yüzbaşı bana dönerek:

Dün bir rüya gördüm.

Sakın uçakta yanındaki boş koltuğa oturduğumu söyleme!

Şaşırmıştı! Benim gece gördüğüm rüyayı o da görmüştü. Rüyamı bana aynen anlattı. Nasıl oluyor da ikimiz de birebir aynı rüyayı görmüştük?

İLGİNÇ RÜYALARIMIN MESAJLARI

ZİYARET

Yer: Ankara. Haziran 1976

Anlatan: Kitabın yazarı...

Kayınpederime onkoloji hastanesinde "akut karaciğer kanseri" teşhisi konulmuştu. Kısa zamanda hastalık süratle ilerlemiş ve bu nedenle vefat etmişti.

Kayınpederim Ahmet'in ölümünün 52'nci günü akşamı evimde onun için Yasin Suresini okuyup, saat 22.00 gibi yattım.

Rüyamda eşim ve kayınvalidemle beraber salonda oturuyoruz. O sırada dairenin dış kapısının zili çaldı. Eşim ve kayınvalidem benim yüzüme endişe ile bakıyorlar.

Zil çaldı. Kapıyı açsanıza kim gelmiş bu saatte?

O tarihlerde bizim muhitte anarşist olaylar çok yoğun seyrediyor. Sağ, sol silahlı gruplar birbirlerini yaralayıp, öldürüyorlardı.

Ben salondan çıkarak dış kapıyı açtığımda, üzerinde kahverengi takım elbisesi, başında kasketi, üzeri toz içinde kayınpederim tam da karşımdaydı:

Ben geldim.

Buyur içeri gir baba! Ayakkabılarını çıkarmana yardım edeyim.

Ayakkabılarını çıkarmasına eğilerek yardım ettim. Kendisini salona aldım. Kanepeye uzandı. Eşim ve kayınvalidem korku içinde oturdukları yerden ona sessizce bakıyorlardı.

Hoş geldin baba! Oralar nasıl?

Ben çok iyiyim. Beni çok iyi karşıladılar. Yalnız saat 24.00'a kadar iznim var. O saate on kala bana haber ver.

Tamam baba! Merak etme! O saatte sana haber vereceğim.

Saatime bakıyorum; On ikiye on var.

Baba on ikiye on var.

Yerinden hızla kalkarak dış kapıya gitti ve ayakkabılarını giydi. Kendisini kapıdan yolculadım.

O sırada uykudan uyandım. Salondaki duvar saatine baktığımda saat on ikiye on vardı.

NAS

Yer: İzmir. (Temmuz 1988/02.00)

Bir göl veya denizde kıyıya doğru yüzüyorum. Su içine tam olarak batmış değilim. Su beni ıslatmıyor. Sağ tarafımda ise dağlar var. Parlak yeşil renkte sıralanmışlar. Sahilin parlak kumlarını görebiliyorum.

Su üzerinde en ufak dalga yok. Denizcilerin sütliman olarak adlandırdıkları bir şekilde... Yavaş yavaş kulaç atıyorum. Dağlara ve güzelliklere bakıyorum. Çok mutluyum. Gülüyorum. Gökyüzünde tek bir bulut dahi görünmüyor. Bu mavilik su üzerine de aynı şekilde yansımış durumda.

Kıyıya aklaşmak üzereyken bir ses:

Nas'ı oku! Nas, Nas diyor.

Uyanmak üzereyim. Gözümün önünde sanki bir ayna var. Üzerine yazıyla ve kırmızı büyük harflerle N A S yazıldı. Uyandım.

Bunun bana bir mesaj olduğunu tahmin ederek, kitaplığımdan Kuran'ın fihristine baktığımda şaşırıyorum. Nas suresi var! Bir de Nasr suresi mevcut. Bunları karıştırmam için yazıyla Nas yazılması bir işaretti.

HAFIZ-I LİL MÜÇTEHİD

Yer: İzmir. 26 Mayıs 2001/16.15 (Öğleden sonra)

Hava oldukça güzel... Bir ağırlık hissediyorum. Uyumuşum. Rüyamda, uzun bir caddenin iki tarafında insanlar kadın, çocuk ve erkekler kalabalık bir şekilde sıralanmışlar. Resmi bayramlarda gördüğümüz resmigeçit öncesi tören yerinde toplanan kalabalıklar gibi...

Ben bu kalabalığın ortasındaki boş caddeden yürüyerek geçerken, on bir ya da on iki yaşlarında saçları sıfır numara tıraş edilmiş esmer bir çocuğun önüne geldiğimde, işaret parmağıyla beni göstererek:

Biz seni "Hafız-ı lil müçtehid" seçtik.

Çocuğun arkasında çok uzun beyaz sakallı orta boylu bir yaşlı adam var. Başıyla öne doğru onaylar şekilde sallıyor. Ben çocuğa doğru dönerek:

Siz beni "Hafız-ı lil müçtehid mi seçtiniz?" diyorum. Sonra uyandım.

Bu kelimelerin anlamını bilmiyordum. Âdetim üzerine bunu unutmamak için hemen not ettim. Sözlüğe baktığımda, "Kuran'ı açıklamaya memur kılınmış kişi" olduğunu hayretle okudum.

GAVSİYE

Yer: İzmir. 10 Temmuz 2005 / 05.30 (Sabah)

Derin bir uykudan uyanmak üzereyim. Gözlerim kapalı ama sanki birazda uyanmış gibiyim.

Bir ses çağrıda bulunuyor:

Gavsiye Türk, Yardım! Gavsiye, gavsiye...!

Ses bu çağrıyı üç sefer tekrarlıyor. İyice uyandım. Hemen unutmamak için not ettim. "Gavsiye" ne anlama geliyordu? Heyecanlanmıştım! Sözlüğe baktığımda; gavsiyenin "yardım" anlamına geldiğini gördüm. Bunu "Türk'e yardım edin" olarak anladım.

Cemal Yıldız

REFİ

Yer: Eskişehir. 3 Aralık 2006 / 05.07 (sabah)

Uyanmadan az önce yukarıdaki anlatımıma benzer bir ses:

"Refi, refi, refi" diye sesleniyor. Uyandım. Mutat olduğu üzere not ettim.

Yanımda sözlüğüm olmadığı için, İzmir'de ikamet eden kızıma telefon ettim. Refi'nin anlamını sordum. Bana cevaben, sözlük anlamının "yüce, yüksek" anlamına geldiğini beyan etti.

HAC

Yer: İzmir. 21 Şubat 2008 / 05.00 (sabah)

Mekke'de Mescid-i Haram-ı Şerif'deyim. Üzerimde beyaz renkte ehramın içindeyim. Hac farizam sona ermiş, mescidi haram'dan çıkmak için yürüyorum. Yanımda bir arkadaşım var. Benden belki bir ya da iki santim uzun ya da belki aynı boydayız. Başında siyah bir sarık var. Siyah sakallı, çok güleç yüzlü, konuşurken bembeyaz iri dişleri dikkatimi çekiyor. Hac boyunca hiç yanımdan ayrılmıyor. Kendisiyle Türkçe konuşuyoruz. Bir ara sarığını çıkarıyor. Tepede saçlarının oldukça dökülmüş olduğunu görüyorum.

Harem-i Şerif arkamızda beraberce beni

yolculamak isteyen arkadaşımla konuşarak yürüyoruz. Arkadaşıma dönerek:

Ayrılma vaktimiz geldi. Uçağı kaçırmak istemiyorum.

Ya! Öyle mi? El sıkışıyoruz. Arkadaşım:

Ben burada kalacağım. Tekrar gelirsen, beni burada bulursun.

Kusura bakma ama o kadar beraberdik. İsminizi sormadım. Adını ve adresini verirsen seni bulmam kolay olur.

Ben hep buradayım. Adım "Salman-ı Farisi"dir.

Siyah renkteki sarığını başından çıkartarak, bana bembeyaz dişleriyle gülerek ayrılıyoruz.

Not: İnternetten araştırdığımda, Salman-ı Farisi'nin, Sevgili Peygamberimiz Muhammed Mustafa'nın (sav) en yakın sahabelerinden ve Hendek Muharebesinde hendek kazılmasını tavsiye eden mübarek bir arkadaşı olduğunu öğrendim.

ALMANYA

Yer: Schleswig. Ekim 1982.

Buraya geleli bir buçuk ay oldu. Türkiye'de gördüğüm bir rüya burada gerçek oldu.

Pazar günüydü. Evimize tahmini bir kilometre mesafedeki ekmekçiye, eşim ve çocuklarımla hem yürüyüş yapmak hem de Almanların çok sevdiğimiz üç kilo ağırlıkta olan nefis tam buğday, çavdar karışımı ekmeğini almaya gittik ve ekmekçiden çıkıp, yaya olarak evimize dönüyorduk.

Bulunduğumuz semt çok sakin, en fazla iki katlı apartman ve villalardan müteşekkildi. Öyle bir yere gelmiştik ki, çok önceleri gördüğüm bir rüya gerçeğe döndü. Cadde ve sokaklarda kimseler yoktu. Türkiye'deyken görmüş olduğum bir rüyamı hemencecik orada hatırladım ve eşime rüyamı oracıkta çabucak anlattım:

"Bak! Şu karşı bahçe kapısından siyah, beyaz renk karışımlı bir kedi çıkacak, bahçe duvarının yanından koşarak yan duvardan içeri atlayacak. Sonra şu evin kapısından bir bayan elinde uzun saplı bez paspasla çıkıp, kapısının önündeki sahanlığı paspaslayacak ve içeri girecek."

Beş on saniye sonra rüyada gördüklerim aynen vaki oldu. Eşim ve ben çok şaşırmıştık!

.

YAZAR HAKKINDA

21 Mayıs 1949 yılında Düzce / Beslambey Köyünde (şimdiki ismi Akınlar mahallesi) doğdu. Babası Merhum Kemal'in (Sarı Kemal ismiyle maruf) polis olması nedeniyle Eskişehir'e (1950) tayin olmuş, annesi Merhum Baş komiser Hacı Ömer Uz'un kızı Memnune Hanım (merhume) ev hanımıdır. Ebeveynleri yazar bir yaşında iken bu güzel kente yerleştiler. Orta öğretimini bu ilde tamamlayan yazar, meslek olarak havacılar kenti olarak da bilinen bu kentin havacılarına özenerek öğrenimini hava astsubayı adayı olarak sürdürdü. 1967 Hv. Tek. Ok. K.lığı Hava Savunma Okulu mezunudur. Hava Astsubayı olarak sırasıyla ilk tayin yeri âşıklar yeri Şarkışla'dır. Burada, Âşık Veysel'i ve Âşık Ali İzzet'i bizzat tanımış, tanışmış

ve sohbetlerinde bulunmuştur. Yazar, Ankara, Erzurum ve İzmir'de görevini sürdürdü. Ayrıca Federal Almanya'da lisans eğitimi gördü ve bir yıl Alman Hava Kuvvetlerinde görev yaptı. Hava Astsubayı olarak otuz beş yıl itibari hizmetten sonra 1995 yılında emekli oldu. Büyük ağabey olarak iki kardeşe maliktir. Kardeşlerinden Caner halen Çarşamba Kaymakamı olarak görev yapmaktadır. Küçük kardeşi Haluk ise Bodrum/Turgutreis'te ticaretle iştigal etmektedir.

Çok sevdiği iki kent olan İzmir ve Eskişehir'de ikamet etmektedir. Son zaman şiirlerini bu kentlerin özgür havasında dile getirmiştir. Emekli hemşire olan eşi Yücel ile evli olup, bir kızı Hülya, İzmir Büyükşehir Bilgi İşlem Daire Başkanlığında sorumlu memur olarak görev yapmakta ve hava levazım astsubayı Mehmet Çelik ile evlidir. Oğlu Dr. Türkay, İzmir Yüksek Teknoloji Enstitüsünde görev yapmaktadır. Yazarın Kaan ve Hakan isimli iki torunu vardır.

Birinci kitabındaki şiirleri çoğunlukla bu kentlerde yazılmıştır. Ataları Rus mezaliminden kurtularak 1864 Büyük Çerkez göçüyle (Ubıh'lardan) Kafkasya'nın Soçi bölgesinden Düzce'ye yerleşmişlerdir.

Yazarın yayınlanmış diğer kitapları

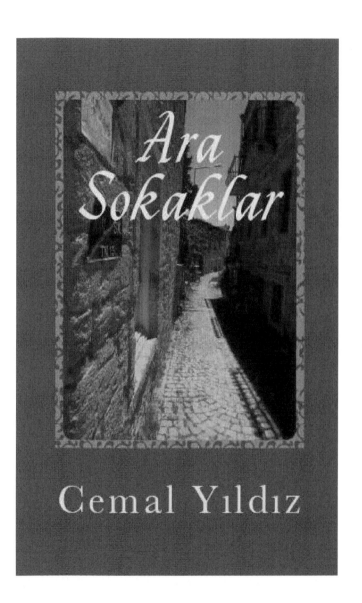

Ara
Sokaklar

Cemal Yıldız

Cemal Yıldız

Gönül Damlaları

Cemal Yıldız

http://www.facebook.com/cemal.yildiz.kitap

Printed in Great Britain
by Amazon